FRAGMENTS

DU RECUEIL PERDU DE FORMULES FRANQUES

DITES

« FORMULAE PITHOEI »

PAR

RENÉ POUPARDIN

Extrait de la *Bibliothèque de l'École des chartes,*
Année 1908, t. LXIX.

PARIS

1908

FRAGMENTS

DU RECUEIL PERDU DE FORMULES FRANQUES

DITES

« FORMULAE PITHOEI »

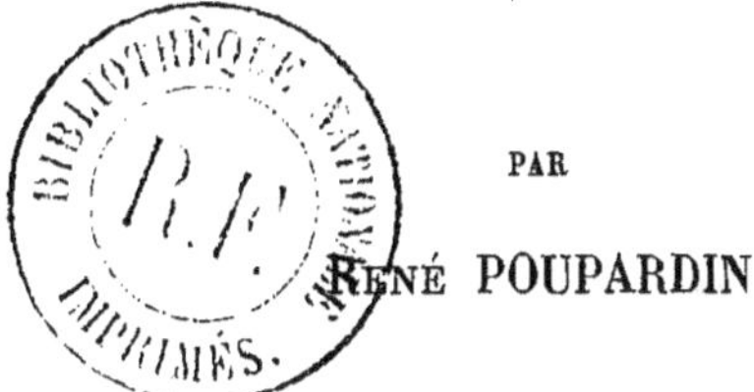

PAR

René POUPARDIN

───── ─➤◄─ ─────

Extrait de la *Bibliothèque de l'École des chartes,*
Année 1908, t. LXIX.

───── ─➤◄─ ─────

PARIS

1908

FRAGMENTS

PERDU DE FORMULES FRANQUES

DITES

« FORMULAE PITHOEI »

Ducange a cité à diverses reprises, dans son *Glossaire*, un recueil de formules de l'époque franque qu'il désigne en général sous le titre de *Formulae veteres Pithoei*. Fr. Pithou a lui-même utilisé ce recueil, et en reproduit, dans son commentaire sur la Loi Salique[1], un court passage, dont la provenance n'est d'ailleurs pas indiquée. Le manuscrit de cette collection a par malheur disparu avant qu'aucun érudit en ait publié le texte complet, et Zeumer a dû se borner à rechercher, au milieu de l'amas de citations accumulées dans Ducange, les *disjecta membra* du formulaire de Pithou. Il a ainsi retrouvé les fragments de seize formules, citées dans le *Glossaire* avec les numéros qu'elles portaient dans la collection, et les a groupées dans son recueil général des formules de l'époque mérovingienne et carolingienne, sous le titre de *Formularum Pithoei fragmenta*[2]. Mais le manuscrit possédé jadis par Pithou a jusqu'ici échappé à toutes les recherches, perte d'autant plus regrettable que le recueil qu'il contenait devait être, au point de vue des actes privés, le plus considérable de ceux dont on ait connaissance, car il comprenait plus d'une centaine de numéros, alors que le second livre de Marculf, consacré au *chartae pagenses*, n'en compte que cinquante-deux.

1. *Liber legis salicae*. Paris, 1602, in-8°, p. 130, tit. LX.
2. *Monum. Germaniae*, in-4°; *Legum Sectio V. Formulae*. Hanovre, 1886, p. 596.

Or, le volume 379 de la collection Baluze, à la Bibliothèque nationale, contient au fol. 290 des extraits, faits au début du xviie siècle, « ex libro formularum ms. Fr. Pithoei, I. C. », qui s'étendent jusqu'au fol. 297. Au verso du dernier feuillet du cahier contenant ces extraits se trouve également cette note : « Excerpta e formulis ms. Fr. Pithoei a Joh. Savaron, qui ad me misit iiii junii MDCII. » Que le recueil dont sont tirés ces morceaux soit le même que celui qu'a connu Ducange, c'est ce dont il est impossible de douter. Il suffit, pour constater l'identité, de comparer les fragments publiés par Zeumer avec les numéros correspondants des fragments dont la copie se trouve dans la collection Baluze. Peut-être même cette copie a-t-elle été seule connue de Ducange, car on y retrouve tous les passages que Zeumer a extraits du *Glossaire*. Cependant le texte fourni par ce dernier présente quelques variantes par rapport au manuscrit de Baluze. Il faudrait donc, dans cette hypothèse, ou que Ducange ait fait des corrections conjecturales, ou qu'il ait pu vérifier ou faire vérifier sur l'original les morceaux qu'il citait[1]. L'intérêt de ces nouveaux fragments réside dans ce fait qu'ils représentent des extraits de soixante-dix formules environ, au lieu des seize dont on avait pu retrouver des passages plus ou moins étendus.

Les fragments proviennent, d'après la note signalée un peu plus haut, de Jean Savaron[2]. Celui-ci est un personnage bien connu comme magistrat, comme homme politique et comme érudit[3]. Ses fonctions de président et lieutenant général en la sénéchaussée et siège présidial de Clermont, de député du Tiers-État de la province d'Auvergne aux États-Généraux de 1614, ne l'empêchèrent pas de composer un commentaire sur les œuvres de Sidoine Apollinaire, divers traités de droit et d'érudition et de soutenir de nombreuses polémiques. Il fut en relations avec la plupart des érudits de son temps, consulté par eux sur les ques-

---

1. En outre, Ducange cite, mais sans en donner d'extrait, le n° LXVII du recueil de Pithou, qui n'a pas son correspondant dans les fragments de Baluze.

2. Né à Clermont le 30 décembre 1566, mort le 27 novembre 1622.

3. Cf., en particulier, A. Vernière, *le Président Jean Savaron, érudit, curieux, collectionneur, et ses rapports avec les savants de son temps*. Clermont, 1892, in-8°.

tions se rattachant à l'histoire d'Auvergne, et plusieurs fois eut
occasion de leur communiquer des documents divers[1].

C'est évidemment le cas pour les extraits des *Formulae
Pithoei* que je signale, mais il est bien difficile de dire à quel
savant ils avaient été envoyés. On pourrait songer à J. Bignon,
qui dit formellement, dans son introduction au recueil de Marculf[2], avoir reçu de Savaron copie ou collation partielle d'un
manuscrit de formules appartenant à l'un des Pithou. Mais il semble
bien qu'il s'agisse ici d'un manuscrit appartenant à P. Pithou,
aujourd'hui conservé à la Bibliothèque nationale sous le n° 2123
du fonds latin, et contenant en effet le formulaire de Marculf[3]. En
outre, il semble assez douteux que la note qui accompagne l'extrait de la collection Baluze soit de la main de J. Bignon. Il est
également impossible de dire comment ce document a passé entre
les mains de Baluze, car il se trouve au milieu d'une collection
de pièces diverses n'ayant avec lui aucun rapport apparent[4].

Malheureusement, d'ailleurs, les extraits ainsi conservés, et
qui ne sont certainement pas de la main de J. Savaron lui-même[5],
sont loin de représenter un texte satisfaisant. Ils sont tout
d'abord très fragmentaires. La plupart des formules ne sont
représentées que par quelques lambeaux de phrases, souvent insuf-
fisants pour déterminer la nature de l'acte auquel ils sont empruntés. Le recueil original était certainement rédigé en latin barbare.

1. A. Vernière, *op. cit.*, p. 23 et suiv.

2. « In eo quoque recensendo usus sum excerptis quibusdam codicis Pitho-
eani, quae a doctissimo viro Joanne Savarone, Arvernorum præside, ad me missa
sunt, cui multis nominibus me devinctum nunquam dubitabo profiteri. Secundum porro Marculfi librum in regio exemplari excipiebant formularum capita
quaedam absque numeris, tum ejusdem voluminis initio aliae plures formulae,
quarum hæc erat epigraphe *Cartas senicas*, quas hic usurpari monuit me
Joannes Savaro quasi formulae veteres : senicae enim quasi senes » (*Marculfi
monachi aliorumque auctorum Formulae veteres*, editae ab ill. v. H. Bignonio.
Paris, 1665, in-4°, dernière page de la préface). — Cf. Vernière, *op. cit.*, p. 25.

3. C'est le manuscrit que Zeumer, p. 39, désigne sous l'appellation de ms. *B*,
et qui est caractérisé par la substitution, dans la dédicace du recueil, du nom
d'Aeglidulfus à celui de Landri. C'est précisément la première variante impor-
tante que signale Bignon d'après son *Codex Pithoeanus*.

4. Le volume contient surtout des extraits de chartes, de manuscrits litur-
giques et de martyrologes.

5. Il y a des lettres de celui-ci dans la collection Dupuy, t. 712, fol. 105 et
106. Un fac-similé de son écriture a été donné par Vernière, *op. cit.*, p. 48.

Le copiste du XVIIe siècle n'a peut-être pas toujours très bien compris le texte qu'il avait sous les yeux ou su résoudre les difficultés paléographiques qu'il présentait[1]. Il en résulte que son texte est peut-être plus incorrect encore que celui du manuscrit original et parfois peu intelligible. La numérotation des pièces est en outre assez imparfaite ; elle ne commence qu'avec le paragraphe XV, et il est bien difficile de dire à combien d'actes peuvent se rapporter les neuf courts fragments qui précèdent ce paragraphe. Ailleurs, les indications de ce genre ont été omises, et des passages empruntés à des formules différentes se trouvent transcrits bout à bout[2]. Peut-être, du reste, le manuscrit de Pithou présentait-il lui-même des lacunes ou des défectuosités à ce point de vue.

Il ne paraît pas néanmoins sans intérêt de signaler ces quelques extraits à l'attention des juristes et des diplomatistes. Tout d'abord, le nombre des documents de l'époque franque n'est pas tellement considérable qu'on puisse en négliger même des fragments. D'autre part, ceux-ci permettent de compléter ou de préciser certains des renseignements jusqu'ici réunis au sujet des formules perdues de Pithou. C'est ainsi qu'il devient certain que le manuscrit aujourd'hui disparu appartenait bien à François Pithou, comme le pensait Brunner[3], et non à son frère. Les indications fournies par Ducange laissaient ce point douteux. On peut aussi constater que le recueil comprenait au moins 110 documents numérotés[4]. Un certain nombre d'entre eux paraissent identiques à certaines formules de Marculf[5]. La collection était suivie, dans le manuscrit original, de diverses formules de tradition, et le copiste a reproduit également un frag-

---

1. Il y a des erreurs certaines, comme *vel mea est* au lieu de *ut mos est*, dans les fragments du début, *a vinculis* pour *avunculis* (n° XLII), *a dominis* au lieu de *ad omnes* (n° CIX), le mot *vuadiscapis* complètement défiguré (n° LVII). Toutefois, il faut remarquer qu'il est impossible de dire que ces fautes de copie ou quelques-unes d'entre elles n'existaient pas déjà dans le manuscrit original. Le copiste a même parfois reproduit certaines des abréviations de ce dernier. Pour autant que l'on peut en juger par les rares indications ainsi fournies, le ms. de Pithou devait remonter à une époque ancienne.

2. C'est le cas, par exemple, pour les n°ˢ LXXXIIII et LXXXIX.

3. *Deutsche Rechtsgeschichte*, t. I, p. 409.

4. Les extraits de Ducange s'étendaient jusqu'au n° 108.

5. C'est ce que Zeumer avait déjà constaté pour les n°ˢ XXXVIII, XLVI, LXXV, LXXVII.

ment de lettre de Flaccus Albinus au roi David, c'est-à-dire
d'Alcuin à Charlemagne, et trois extraits de modèles de lettres.
Ces pièces n'ont que faire dans un formulaire de documents
diplomatiques, et représentent très vraisemblablement des morceaux transcrits après coup à la suite du texte primitif[1]. Peut-
être en était-il de même des formules de tradition, qui ne
semblent pas avoir été comprises dans la numérotation. La
lettre d'Alcuin est connue d'ailleurs, et se retrouve dans les
manuscrits qui nous ont conservé l'œuvre épistolaire de cet écri-
vain[2]. Elle se rapporte à la rédaction de son livre contre Félix
d'Urgel, et peut être datée avec précision de l'année 799. Malheureusement, cette indication ne peut servir en rien à fixer la date
du recueil des formules, puisque formules et lettres peuvent avoir
été transcrites à des époques différentes et que nous ignorons. En
ce qui touche cette question de date, on en est toujours réduit, avec
Zeumer, à tenir compte de la barbarie du style pour attribuer le
recueil au VIIIe siècle plutôt qu'à l'époque carolingienne. Il ne
semble pas que les nouveaux fragments, dont on trouvera plus
loin le texte, soient de nature à infirmer cette opinion.

En ce qui concerne le lieu d'origine du recueil, tout en recon-
naissant qu'il devait venir d'un pays où la loi salique était géné-
ralement répandue[3], les érudits hésitaient entre le nord[4] et le
midi de la Gaule[5]. Or, un des passages nouveaux (n° XVI) four-
nis par la copie de la collection Baluze mentionne l'église de
Notre-Dame de Laon, c'est-à-dire soit l'église cathédrale de cette
ville, soit le monastère fondé par sainte Salaberge[6]. Un des
textes additionnels (n° 3) donne le nom de l'abbaye de Saint-Denis.
Enfin, au n° XVII, il est question d'un monastère dédié à un
saint martyr et situé « Calodaco vico, que est constructus in pago

1. Leur style fait d'ailleurs contraste, par sa correction relative, avec celui
des formules proprement dites. Cependant Ducange cite l'une d'elles comme
provenant du ms. de Pithou. Mais Zeumer, p. 596, a déjà émis l'hypothèse que
ce morceau, cité sans indication de numéro, devait avoir été ajouté après coup
au texte primitif.

2. *Monum. Germaniae*, série in-4°. *Epistolae Karolini aevi*, t. II, p. 281,
n° 171.

3. Zeumer, p. 596; cf. Brunner, *Deutsche Rechtsgeschichte*, t. I, p. 409.

4. En raison précisément de ces allusions au droit salique.

5. En raison de la présence (n° XXXVI) du mot *olca* = *olica*, qui désigne des
plantations d'olivier.

6. Cf. *Gallia christ.*, t. IX, col. 587.

Parisiago ». Sous cette forme, le nom ne paraît pas pouvoir être identifié, mais n'y aurait-il point là une erreur de scribe ou de copiste pour *Cadolaco*[1], qui représenterait alors le nom du *vicus Catulliacus*[2], où s'élevait l'abbaye de Saint-Denis? En présence de cette double mention du célèbre monastère, on pourrait peut-être supposer que le recueil aujourd'hui perdu fut constitué dans la région parisienne.

Quoi qu'il en soit de cette hypothèse, on trouvera ci-après le texte des extraits envoyés par J. Savaron à son correspondant. Je marque d'une astérisque les numéros dont des morceaux étaient déjà connus par l'intermédiaire du *Glossaire* de Ducange, en notant les variantes de ce dernier, que je désigne par le sigle D, en représentant par Z les corrections proposées par Zeumer. B désigne le texte de la copie Savaron, que je corrige dans les cas de faute grossière et évidente en indiquant en variante la leçon du manuscrit. Pour les formules identiques à celles du recueil de Marculf, j'indique les variantes du texte de ce dernier (M), tel que l'a établi Zeumer, lorsqu'elles peuvent servir à améliorer ou à interpréter le texte B.

EX LIBRO FORMULARUM MS. FR. PITHOEI I. C.[3].

Hoc est portione nostra ad integrum in loco nuncupante illo, sitam in pago illo, tamque ex alode parentum vel de comparato seu de qualibet adtracto ibidem possidere videmur.

Sic mihi convenit ut portiones meas in pago illo, in loco qui dicitur ille, mansos tantos cum manso indominicado, et in alio loco nuncupante illo, in ipso pago illo, mansos tantos, cum farinario

---

1. Il y a un *Cadolaicus locus* mentionné dans un diplôme de Childebert III pour Saint-Denis (Tardif, *Cartons des rois*, n° 45; Lauer et Samaran, *Diplômes originaux des Mérovingiens*, n° 32). Mais il s'agit de Chaalis (Oise, cant. Nanteuil, comm. Fontaine-les-Cornus), qui est au *pagus* de Senlis, et l'abbaye fondée en ce lieu ne date que du règne de Louis le Gros.

2. On trouve sur les monnaies la forme *CATOLACO* ou *KATULACO*. Cf. Julien Havet, *Questions mérovingiennes* (*Œuvres*, t. I. Paris, 1896, in-8°), p. 214; Prou, *Catalogue des monnaies mérovingiennes de la Bibliothèque nationale*, p. 182, n°° 835 et 836.

3. Bibliothèque nationale, Collection Baluze, vol. 379, fol. 290.

super fluvio illo, quidquid presenti tempore ibidem mea est possessio.

Est de pa... genitrice mea nomine illa, seu de comparato vel de qualibet adtracto ad nos legibus perve...

Cum domino rege in hoste publico transimus.

Nobis vestrum beneficium pro usufructu et ipsas res concedere debeatis.

Aut[1] qui ex vobis patri suo[a] superstis fuerit, dum advixerit excolere permisistis.

Praefata loca absque ulla alia renovata vel mea est inter caeteros praecaria per hanc epistolam.

Cum[2] consensu fratrum nostrorum convenit hanc epistolam praestariam[b] in vobis pariter[c] conscribere.

Nec quislibet de parte ecclesiae nostrae ipsa locella de vestra potestate pontificium auferendi non habeamus.

XV. — Hoc est domibus, aedificiis, praesidiis, mancipiis, inquilinis, accolabus, libertis, servis tam ibidem quod, etc.

Cum stipulatione subnixa actum ibi.

Et universum meritum ad ipsius pertinentium vel adaerentium tam infra terminos quam extra, etc.

XVI. — Ideoque in Dei nomine illa, dono ad sancta Maria in Lauduno urbe.

XVII. — Mobilibus et immobilibus, adjacentiis, appenditiis, farinariis, communiis, perviis, vuadiscapis, cultis et incultis, gregis cum pastoribus, totum et ad integrum, rem inexquisita, quidquid in ipso loco tam de alode vel de comparato seu de qualibet adtracto ad me noscitur pervenisse, de jure meo injure dominatione ipsius ecclesiae trado ad possidendum.

Domno sacro sancti ac reverendissimi monasterii sancti illius martyris, Calodaco vico, que est constructus in pago Parisiago[d].

XIX. — Nec vendere, nec donare, nec alienare, neque in naufra-

---

a. ex nobis pare suo *M.* — b. prestaturia *M.* — c. in vobis *répété B.* — d. *le passage d'abord omis dans B a été ensuite ajouté après le* § *XXIII, avec un signe de renvoi.*

1. Cf. Marculf, II, 39.
2. Cf. Marculf, II, 40.

gium ponere, nisi quicquid ibidem elaborare vel emoliorare potue-
rimus.

XX. — Ideoque in Dei nomine ille advocatus inlustri viro illo
comite veniens ad basilicam sanctorum martyrum, etc.

Genitor suus dimisit per fistucam et anulum ipsius comitis, ipso
advocato tradidit in sua elemosina, etc.

Cum terra arabile bunuaria tanta, immoque et in quarto loco quae
vocatur ille.

Quidquid in ipsa loca superius denominata rem inexquisitam, tam
de paterno quam de materno, seu de comparato et de qualibet
adtracto ad eorum pervenit donationem, tradimus atque condo-
namus.

XXII. — Quidquid ibidem ad presens tam de alode parentum
quam de comparato et de qualibet adtracto possidere videmur[a].

XXIII. — Hoc est omnem medietatem de portione mea cum adja-
centia sua, id est tam terris, domibus, etc.

In ea vero ratione ut quamdiu advivo ego aut aliquid de haeredibus meis sub patrocinio et defensione domini illius usufructuario
ordine hoc possidere debeam.

*XXIV. — Et quid vobis ex hoc legitime redditus terrae debetur
sicut reliqui accolani vestri[b] reddunt[c].

*XXV. — Hoc est ad illam villam[d] bunuaria tanta, manso cum
superposito, de vinea arpennos tantos, etc.

XXVII. — Mobilibus et immobilibus, totum et ad integrum, rem
inexquisitam, tam de alode quam de comparato, vel de qualibet
adtracto ad me legibus pervenit.

*XXVIII. — In festivitate[e] sancti[f] illius in luminaribus ipsius
sancti loci solidos tantum vobis aut actoribus vestris dare et transol-
vere faciam[g].

Tibi ipsa portione ad excolendum et ad condrigendum[h].

Sicut lex est emendare faciam.

<hr>

a. videmus B. — b. nostri D; vestri corr. Z. — c. L'extrait est attribué au
n° XXIII par D. — d. illa villae D. — e. ce passage in festivitate... faciam est
répété dans B, qui la seconde fois omet sancti. — f. sancti om. D. — g. ici
s'arrête l'extrait de D. — h. passage répété dans B, qui, la seconde fois,
donne congregendum ; le passage est attribué au n° XXXVIII par D.

*XXX. — In festivitate sancti illius loci[a] triante uno dare et transsolvere facias[b]. Nec minuare, nec per nulloque ingenio in naufragio ponere pontificium non habeas faciendi et ipsa portione dum advivis per vestrum beneficium tenere et usurpare facias.

XXXI. — Nec per nullisque ingeniis in naufragium ponere.

XXXII. — Et si de ipso censo negligentes aut tardi aparueritis, fidem exinde faciatis.

XXXIII. — Tibi ipsa portiuncula ad excolendum et ad congregendum.

XXXIV. — Mobilibus et immobilibus rem inexquisitam quicquid ille ab ipso monasterio adtraxit.

XXXIV[c]. — In ea ratione ut riga exinde in cultura dominica arare et recondere faciam.

XXXIV[c]. — Nisi quidquid ibidem adtrahere et emeliorare potuero licentiam habeam.

'XXXV'. — Cum terra arabile bunuaria tanta ad casa Domini illius.

XXXV. — In ea ratione ut riga tornata uno in una quisque satione arare facias. Et si negligens de ipsa riga aut tardus apparueris.

*XXXVI. — Concedimus tibi olca in villa nostra illa, quem[d] illa femina quondam tenuit, et dum requisimus quod absa esse[e] et sema concessimus tibi, qui subjungit ab uno fronde[f] ratio lui, de uno latus ratio lui, et alio vero latus via publica, et ita convenit ut annis singulis riga in cultura dominica arare debeas.

XXXVII. — In ea ratione ut riga et alios reditus terrae.
Qui ipsa illa et filius suus ille per eorum fistuca sibi exinde dixerunt exiti.

XXXVIII. — Quidquid ille ab ipso monasterio adtraxit, et usque

---

a. in festivitate sancti illius [in luminaribus ipsius] loci *corr. Z.* — b. *ici s'arrête l'extrait de D.* — c. *La numérotation est ainsi répétée dans B.* — d. quam *D.* — e. esset *D.* — f. fronte *D, dont l'extrait s'arrête ici.*

1. Simplement cité par Ducange, v° *bonnarium.*

ad diem obitum suum possedit, ita ut riga exinde in cultura dom-
nica arare et recondere facias.

Et quidquid ibidem adtrahere et emeliorare potueris.

*XXXIX. — Igitur in Dei nomine ille, te dulcissimam conjux mea
illa, dum inter nos procreatio filiorum minime esse dignoscitur.

Ideo convenit nobis ut omni corpore facultatis nostrae invicem
usufructuario ordine condon[are] deberimus.

Tam de alode parentum quam de comparato et de qualibet
adtracto.

Et[a] quid[b] pariter in conjugium positi laboravimus.

Condonare et delegare vel[c] ingenuus[d] relaxare volueris.

Dono tibi omni corpore facultatis nec ubicunque aut undecunque
tam de hereditate pervenit quam de comparato et de qualibet
adtracto, etc.

Quid pariter in conjugium positi laboravimus.

XL[1]. — Ideoque in Dei nomine cum summo studio caritatis placuit inter illum et conjuge sua illa, dum procreatio filiorum inter
eos minime esse videtur.

Inter nos procreatio filiorum minime esse dignoscitur.

Inter nos mutuo condonare deberemus.

Et si aliquid exinde intestatum remanserit ad nostros legitimos
qui tunc propinquiores fuerint revertantur haeredes.

Tam de alode parentum quam de comparato.

XLI[2]. — Et nos omni alode ipsius genitrice vestrae illa, juxta
quod et ratio prestitit.

Exinde in praesentia bonorum hominum *aut* reges altercantes
quod ipsa epistola que in eam feceramus contra nos evindicastis, et
in vestra potestate omni alode ipsius recepistis.

Per hanc epistolam obnoxiationis vobis obnoxiare deberem.

Ac si semper per quinquennium renovata fuisset.

---

a. le passage et quid... relaxare volueris *est donné par* D *comme emprunté
au* § *XXXVIII.* — *b.* quod D. — *c.* vel *om.* D. — *d.* ingenuos *corr.* Z.

1. A comparer avec Marculf, II, 7, « carta interdonationes inter viro et
faemina de eorum res », avec le texte duquel celui-ci présente toutefois certaines différences.
2. Cf. Marculf, II, 9.

XLII[1]. — Ego vero pensans consanguinitatis causa, dum per legem[a] cum caeteris filiis meis avunculis[b] vestris in alode mea accedere minime potueratis.

Quando eam nuptam[c] tradidi in aliquid de rebus meis mobilibus, drappos et fabricaturas et aliqua mancipia in solidos tantos tradidi vos hoc in parte vestra supputare contra filios[d] meos faciatis.

XLIV. — Nec per nullisque ingeniis in naufragio ponere potestatem non habeam faciendi.

Et post meum quoque de hac luce discessum, ipsa portiuncula emeliorata.

XLV. — Bene est compertum qualiter ex alode tua, sicut tibi bene placitum fuit.

Et quidquid ibidem adtrahere aut augmentare potueris.

*XLVI. — Dulcissima filia mea illa. Diuturna sed inter nos impia consuetudo tenetur ut de terra paterna sororis[e] cum fratribus portionem non habeant.

Ideoque per hanc epistolam aequalentiae te dulcissima filia mea, etc.

Qui contra hanc epistolam aequalitatis ordine venire tentaverit.

XLVII[2]. — In loco filiorum visus eum adoptasse, ita ut, dum advixero, victum et vestitum tam in dorso quam in lecto seu calciamenta[f] mihi in omnibus[g] impertias et procures.

XLVIII[3]. — Quiquid enim inter propinquos de alode parentum, non aut judicaria potestate eorum[h] coacti, sed sponte manente charitate juxta debitum unicuique[i].

Et haec omnia invicem[j] pars parti tradidisse et per fistucam partitum esse dixisse, propterea presentes epistolas duas uno tenore conscriptas locum pactionis inter se visi sunt conscripsisse.

De ipso alode genitore eorum amplius requirendi.

---

a. et per lege *M.* — *b.* a vinculis *B ;* aboncolis *M.* — *c.* nuptum *M.* — *d.* filiis *M.* — *e.* sorores *D.* — *f.* calciamentum *M.* — *g.* sufficienter impercias *M.* — *h.* eorum *om. M.* — *i.* justi debita unicuique portio terminatur *M.* — *j.* et hoc invicem *M.*

1. Cf. Marculf, II, 10.
2. Cf. Marculf, II, 13.
3. Cf. Marculf, II, 14.

XLIX[1]. — Testamentum nostrum condidimus quem illo notario scribendum commisimus, ut quomodo hodie legimus[a] per[b] transitum advenerit, recognitis sigillis inciso lino[c] ut romanae legis decrevit.

LI. — Venerabile vero atque magnifico illo rege aut capellam[d] palatii et comis palatii.

LII. — Quidquid ibidem ad presens mihi ex alode paterno legibus advenit.

LIII. — Quod bonum, faustum, foelix, prosperum veniat.

*LV[2]. — Placuit atque convenit ut ego tibi de solido et denario secundum legem salicam sponsare deberem, quod ita etc.[e] feci.

Et dono tibi ministeriales de intus casa[f].

Ego ille sponsus tuus dum taliter placuit atque convenit apud parentes nostros communis ab utrasque partes aptiscantes[g] ut tibi de solido et denario secundum legem salicam sponsare deberem.

*LVII. — Super ipso magno posita seu et vuadiscapo[h] et inter terra et prato et sylva bunuaria tanta et mancipia tanta his nominibus ille et ille, boves duas, vacca una cum vitulo, inter porcos et vervices capita tanta, et scapio de intus casa valentes solidos tantos.

LVIII[3]. — Unde vitae periculum incurrere debui, si[i] intervenientes sacerdotes et bonis hominibus vitam obtinui, sic tam ut quod tibi in tanto dono[j] et in dotis titulum ante diem nuptiarum sic[k] te desponsatam habuissem conferre debueram per hanc epistolam compositionalem.

LIX. — Dum inter illum necnon et conjugem[l] suam illam non caritas secundum Deum sed discordia regnat et ob hoc pariter conversare minime possunt.

Propter has epistolas duas[m] uno tenore conscriptas.

a. quo modo dies legitimus *M*. — b. post *M*. — c. inciselino *B*. — d. *il faut peut-être corriger en* capellano. — e. et *Z*. — f. et dono... intus casa *om*. *D*. — g. aptisantes *D;* aptificantes *corr*. *Z* — h. una discapo *B*. — i. sed *M*. — j. sic tamen ut quod tibi in tadono *M*. — k. si *M*. — l. dumet inter illo et conjuge *M*. — m. inter se duas *M*.

1. Cf. Marculf, II, 17.
2. Cf. *Formulalae salicae Lindenbrogianae*, n° 7; Zeumer, p. 271.
3. Cf. Marculf, II, 16.

Quisquis ex ipsis sive ad servitium Dei in monasterium sive copulare matrimonii[a] sociare voluerit.

*LX. — Eo quod ante hos dies filia lui[b] nomen illa per solido et denario et en arras[c] habui desponsata.

Convenit ut ipse ille ipso solido et denario de ipsas arras ante plures bonis hominibus et pro ipso exenio solidos tantos[d] pro hac causa mihi transolsisset et nos per nostram fistucam ipsa puella, etc.

LXIII[1]. — Lex priscorum exposcit auctoritatem ut quicunque voluerit de rebus suis propriis vendere, cedere, condonare et per suum strumentum cuicumque voluerit ad legem salicam licentiam habeat alligare.

De alode paterno mihi legibus obvenit.

Dedit igitur ille campum in loco nuncupante illo, in pago illo, habentem plus minus bunuaria tanta, que subjungit a latere uno ratio lui, ab alio latere ratio lui, a fronte uno ratio lui, ab alio vero fronte ratio lui.

Situm in pago illo, habentem plus minus bunuaria tanta quae subjungit a latere uno ratio lui, ab alio vero fronte ratio lui.

LXXI[2]. — Ideoque per hunc vinculum cautionis spondeo me habiturum (?) illas proximas ipso argento.

Pro duplo in crastino meam haereditatem meos nos, etc.

LXXII[3]. — Sicut reliquis servi vestri et vicinorum vestrorum faciunt dies tantos in unaquaque hebdomada facere debeam.

Mihi disciplina corporali imponere et detenire (?).

LXXIII. — Spondeo me quandiu premeri (?) tenuero annis singulis per singulos solidos singulus triantos vestris partibus esse rediturum.

LXXIV. — Ut praetio vestro valente in solidos tantos et denarios tantos nobis ad beneficium praestare debuissetis.

---

a. matrimonia *corr. en* matrimonii *B ;* copulam matrimonii *M.* — *b.* filiolam nomine illa *D.* — *c. sic D;* in arras *corr. Z.* — *d.* exenio scilicet tant. *D,* dont l'extrait s'arrête ici.

1. Cf. Marculf, t. II, p. 30.
2. Ducange cite aussi, sub. v° *Bonnarius,* le n° LXVII des *Formules de Pithou,* mais sans en donner d'extrait.
3. A comparer avec Marculf, II, 27.

Vinea nostra in loco nuncupante illo, sitam in pago illo, plus minus arpennos tantum usque ad annos tantos, cum inter adfinis de uno fronte ratio lui, etc., *ut supra*.

Ut praecio vestro cum fide facta in duplum vobis componere.

Dedit tibi una viniola mea habentem plus minus arpennos tantos.

Ipsam vineam ipsos annos tantos pre te habere usuare facias.

*LXXV[1]. — Hoc[a] contigit quod cellario[b] illo[c] vel spicario vestro[d] infregi et exinde annona et alia raupa[e] in solidos tantos exinde[f] furavi dum et vos et[g] advocatus vester exinde ante illo comite[h] interpellare fecisti[i].

[Et ego hanc causam nullatenus potui denegare] sic ab ipsis racimburgis judicantes ut per vadium meum solidos tantos [eam contra vos hoc est componere vel satisfacere debeam. Sed dum ipsos solidos] minime habui unde transsolvere debeam, sic mihi aplificavit[j] in[k] brachium in collum posui et per comam capitis mei coram presentibus hominibus tradere feci in ea ratione ut interim quod ipsos solidos vestros reddere potuero [et servitium vestrum et opera qualecumque vos vel juniores vestri injunxeritis, facere et adimplere debeam] et si exinde negligens et[l] jactivus apparuero, spondeo me contra vos, ut talem disciplinam supra dorsum meum facere jubeatis quam super reliquos servos vestros.

*LXXVII. — Et vestras annonas seu alia raupa quamplurima circumveni et in victio (?) vestro recepimus.

Pro ipsa causa vuadiavit solidos tantos[m].

Propterea caulionem de stado meo tibi emitto.

LXXIX. — Ante inlustri viro illo comite in illo comitatu mallo publico de furtum probatus apparui quod caballus lui post me ad futurum habui et illos expendi et exinde superjudicatus ante ipso comite fui, ut mortis periculum exinde incurrere deberem, et pro hac re in vinculis est strictus aparui.

---

a. hoc *om. D.* — *b.* cellarium *D.* — *c.* ill. *om. D.* — *d.* spicarium *D.* — *e.* aliam raupam *D.* — *f.* exinde *om. D.* — *g.* et *om B.* — *h.* illum comitem *D.* — *i. le texte donné par D et par Pithou dans une note de son glossaire à la loi salique, reproduite par Zeumer, étant plus complet que celui de B, je donne ce texte D, en mettant entre crochets ce qui ne se trouve pas dans B.* — *j.* aptificariit *B.* — *k.* ut *corr. Z.* — *l.* vel *d.* — *m.* et vestras annonas... solidos tantos *om. D.*

1. Cf. *Formulae salicae Bignonianae,* n° 27; Zeumer, p. 287.

Ideo a die praesente caput et omni corporis status mei coram testibus vobis transeundo.

Quod si hoc facere praesumpsero ant per quaelibet ingenium aliqua coturnitate (?) contra vos facere temptavero.

Et quislibet in vestra causa aut vendere aut disciplinam imponere.

[LXXX ou LXXXI[1].] — Magnifico fratri[a] illo. Omnibus non habetur incognitum qualiter ante hos annos solidos meos[b] numero tantos ad beneficium accepisti, sicut ibi necessitas exegit.

Ideo tibi hanc epistolam evacuaturiam admittimus[c].

Nullum[d] sortiatur effectum, sed[e] vacua et inanis permaneat.

Ideo tibi hanc epistolam evacuaturiam fecimus de ipsos solidos tantum omni tempore deductus[f] et absolutus resedeas.

LXXXII. — Quidquid exinde facere volueris sicut de reliquis servis vestris, etc.

Hoc est vernaculusque noster, nomen ille, ingenuo eum esse praecepimus.

LXXXIII. — In ea vero ratione ut ad die ingenuus permaneat tanquam si ab ingenuis parentibus fuisset natus et procreatus.

Cui subjecta sunt omnia et rege terrestrio cives romanus, portas apertas eas, pergas, partem quam volueris licentiam habeas ubicunque volueris ambulare, cum omni peculiare concessum, mundeburde vero et defensionem ubi te elegere volueris ad declinandum, hoc licentiam habeas faciendi. Si quis vero, etc.

LXXXIV[2][-LXXXVIII]. — A presente die ab omni vinculo servitutis absolvimus, ita ut deinceps tanquam si ab ingenuis parentibus fuisset procreatus vitam deducas ingenuam.

Ideo nos homine aliquo nomine ille, quem data mea pecunia ab homine illo de captivitate redemi, ingenuum eum esse precepimus; si ea vero ratione ut a die presente ingenuus permaneas tanquam si ab ingenuis parentibus fuisses natus vel procreatus, ut neque

a. domino fratri *M.* — *b.* nostros *M.* — *c.* fecimus *M.* — *d. l'ordre des deux derniers fragments devrait être interverti.* — *e.* si *B.* — *f.* ductus *M.*

1. Cf. Marculf, II, 35, et *Formulae Turonicae*, 44. Le copiste a certainement négligé d'indiquer le début d'une formule qui devait porter dans le recueil le n° LXXX ou LXXXI.

2. Cf. Marculf, II, 32. Il semble d'ailleurs que plusieurs fragments de formules différentes se trouvent réunis sous ce n° LXXXIV.

nos nec haeredebusque nostris jamdicto illo ingenuile obsequium nullum unquam tempore non requiratur, nisi portas apertas, cive romane, peculiare concessum eat, pergat, partem quam ambulare voluerit licentiam habeat.

Mundeburde vel defensione hoc licentiam habeat.

In ea ratione ut ingenuus sis et interim genuos manum mittas tanquam si ab ingenuis parentibus fuisses procreatus vel natus. Mundeburde vel defensione ad ecclesiam sancti illius ubi ipse preciosus dominus in corpore requiescit habere cognoscas.

Nisi sub ipsius sancti illi loci et annis singulis cera triante uno in luminaribus pro animae meae ab ipso sancto loco procurare studeas et deinceps sibi vivat, sibi degat, bene ingenuus et securus permaneat.

LXXXXIX[1]. — Defensionem cui te ex meis haeredibus elegeris habere debeas, et oblata mea ubi corpusculum meum quieverit vel luminaria annis singulis debeas procurare.

[XC[2].] — Dum et aliquo infantulo nomine ille, ex villa nostra illa, filio lui in albis invenimus.

XCI. — Eo videlicet modo ut super terra sancti illius quaudiu advivitis ingenuile ordine vivere adque consistere debeat, et si agnatio ex eo procreata fuerit, ingenuus vivat atque persistat.

[XCII-XCV.] — Illa faemina ille. Omnibus non habetur incognitum qualiter servus meus nomen ille et absque voluntate tua vel parentum tuorum dum et ingenua esse videris rapto scelere ad conjugium sociavit et ob hoc vitae periculum incurrere potuerat.

Defensionem vero vel mundeburde ad eorum ingenuitatem defensendam vel tuendam cuicunque se elegere voluerit de nostris haeredibus ipsum habeant ad defensandum et semper firmissima libertate ingenui permaneant.

*XCVI[3]. — Domino fratri illi ille. Licet emptionis (?) vindidique[a] contractus sola pretii adnumerationem et re[b] ipsius traditione con-

---

a. vendetique *M*. — b. rei *M*.

1. Cf. Marculf, II, 34.

2. Il paraît y avoir ici un fragment emprunté à une formule d' « Ingenuitas in albis » (cf. *Formulae salicae Merkelianae*, n° 43; Zeumer, p. 257), qui doit être distinguée de la précédente, avec laquelle elle est confondue dans le manuscrit.

3. Cf. Marculf, II, 19.

sistat, hoc[a] tabularum aliorumque docimentorum ad hoc titulum[b] interponatur instructio ut fides rei facti et juris ratio comprobetur. Idcirco vindidisse me et[c] tibi constat et ita vendedi villa juris mei nuncupante illa sitam in pago illo, quam ex legitima successione parentum et de qualibet modo ad eos pervenit et habere videor, in integritate cum terminis[d], domibus, aedificiis, accolabus, mancipiis, vineis, silvis, campis, pratis[e], pascuis, aquis aquarumve decursibus, adjacentiis[f], appenditiis et omni merito et termino suo ibidem aspicientem.

Et accepimus[g] a vobis pro ipsos infantes sicut inter nos bene complacuit et aptificavit, hoc est in argento solidos tantos.

XCVII[1]. — Area juris meae infra muro civitatis illa, habente de longo pedes tantos, de lato pedes tantos, et quae subjungit a latere uno ratio lui ab alio latere ratio lui, a fronte uno ratio lui, ab alio vero fronte ratio lui, èt accepimus a vobis in precio taxato de pecunia nostra juxta quod nobis complacuit et aptificavit.

C. — Accepta vestra pecunia, a vobis vendedisse et ita vendedi campo juris mei infra termino illo in loco nuncupante illo situm in pago illo, habentem plus minus bunuaria tanta, quae subjungit a latere uno lui, *ut supra.*

*CI. — Unde accepimus a vobis pro ipsa vinea sicut inter nos bene complacuit atque aptificavit, hoc est in argento et in alio merito solidos tantos.

[CII-CIII-CIV[2].] — *Carta qui suo servo aut[h] gasindo aliquid cesserit.*

Ita ut ab hac die ipso locello jure proprio[i] in tua potestate firmiter habeas, teneas atque possideas, et nulla functione aut redditus terrae pascuario et agrario aut carropera vel quicunque dici potest exinde exsolvere, nec tu nec posteritas tua nec ad nostrum opus nec ad haeredes nostros vel quicunque ipsa villa post nos fuerit habiturum non habeas, nisi tantum, si ita convenit riga solum, sed ipso locello omni tempore tu emuniter debeas possidere.

---

a. ac *M.* — b. tantum *M.* — c. et om. *M.* — d. terris *M.* — e. praeterea *B.* — f. D *donne la fin de la formule depuis* adjacentiis *jusqu'à* aspiciente. — g. le passage ne se retrouve pas dans *M.* — h. nit *B.* — i. propro *B.*

1. A comparer avec Marculf, II, 20, qui présente de notables variantes.
2. A comparer avec Marculf, II, 36

CV[1]. — Dulcissimo atque mihi in omnibus diligendo illi ille. Omnibus non habetur incognitum qualiter vineola *aut* campo particula de manso quod ad presens persolvere videas, in villa nuncupante illa, super terra monasterii sancti illius, bunuaria tanta, salvo jure fisci ipsius monasterii, tibi tradidi in perpetuum habiturum. Ita[a] ut ab hac die ipso campo *aut* vinea cum prato ipsius monasterii habeas, teneas atque possideas, et quicquid ex eo sicut mos est aliis inegnuis super terram consuetudinariam faciendi facere volueris liberam in omnibus habeas potestatem.

CVI[2]. — Quod si non fecerimus et ob hoc negligentes aut tardi aut contumaci fuerimus, publice per[b] hanc precariam ac si semper per[c] quinquennium renovata fuisset condemnati, ut lex praestat.

CVII. — Et vineas meas quascunque in pago illo infra terminos ilos habere videmur, tam de[d] illas vineas quam de alias res quod ibidem comparavimus vel adtraximus integra decima exinde ab ipso sancto loco ibidem concedimus atque firmavimus.

*CVIII. — Omnibus non habetur incognitum si plures bene est compertum qualiter nos per ecclesiae, ratione nostra de illa ecclesia, in loco nuncupante illo, sitam in pago illo super fluvio illo, quae est constructa in honore sancti illius vel ceterorum sanctorum, per nostra strumenta at ecclesiam s[ti] illi delegavimus vel firmavimus, et convenit nobis ut talem epistolam censariam nobis fieri deberetis, quod ita et fecistis, in ea ratione[e] ut vos vel ipsi presbiteri qui ipsa ecclesia custodire videntur annis singulis ad missa s[ti], quae est in mense illo, dilectione nobis et pasto soniare debeat una cum homines tantos una die et nocte pascere faciat, et post[f] nostrum discessum infantes nostros cum homines tantos similiter una die et nocte pascat; unde inter nos duas epistolas uno tenore conscriptas fieri et adfirmare rogavimus, etc.

CIX[3]. — Ego in Dei nomine ille domesticus ac si indignus glo-

---

a. *l'extrait donné par Ducange va des mots* ab hac die *à la fin* : ... habeas potestatem. — b. pro *M.* — c. pro *M.* — d. tandem *B.* — e. *ici commence l'extrait de D qui va jusqu'aux mots* nocte pascere faciat. — f. per *B.*

1. Ce texte paraît identique à la *formula vetus* dont Zeumer, p. 725, n° 27, reproduit un extrait d'après le *Glossaire* de Ducange, v° *consuetudo*.
2. Cf. Marculf, II, 41.
3. Cf. Marculf, II, 52.

rioso domino illius regis, super villas ipsius illa et*a* illa, ex familia domestica*b* de villa illa dum generaliter ad omnes *c* domesticos regis ordinatio processit ut pro nativitate domini illi*d* nostri illi*e* vita a Domino melius conservetur, de unaquaque villa fiscali tres homines ex servientibus inter utroque sexu a servitio relaxentur*f*, et nos ita faciendo ob hoc ordinatione recepimus, propterea tibi hanc epistolam*g* nostram, sicut mihi jussum est, ab omni vinculo servitutis absolvo.

CX. — Noticia traditionale qualiter vel quibus praesentibus veniens ille, missus sancti illius, ad illas res recipiendas quem ille per cartolum venditionis ab ipsa casa sancti illi delegavit. Sunt ipsas res in pago illo, in vicaria illa, in loco qui vocatur ille, illo misso sancti illi ipsas res de quantum in sua venditione loquitur vel insertum est ante bonis hominibus per hostium et axatoria visus fuit consignasse, et a die praesente ei tradidit vel vestita ipsa casa sancti illi fecit. Id sunt qui in praesente fuerunt subter firmaverunt.

Et per suo fistuca se in omnibus dixit exitum, his praesentibus. Actum ibi.

[**1***1*.] — Noticia traditionis qualiter veniens ille, die illo, in villa illa, ante bonis hominibus, per hostium et axatoria seu terra et herba ab homine aliquo nomine illo et conjuge sua nomine illa, rem (illa) visus fuit tradidisset, non in fraude sed in publico, et per mea fistuca de jamdicta rem illa exitum feci, etc.

[**2.**] — Noticia traditionis vel quibus presentibus veniens homo aliquus nomen ille, die illa, in loco qui dicitur ille, ante plures bonis hominibus, res aliquas quae vocantur illas in pago illo, quem ante hos dies per epistolam libellum dotis sponsa sua nomine illa visus fuit adfirmavit, quantumcumque in ipsam epistolam libellum dotis habet insertum, ipse ille ipsas res ipsa sponsa sua nomine illa per terra et per herba seu per hostium visus fuit tradidisset, et per illo manso indominicato illos alios mansos, sicut in praefata epistola loquitur visus fuit tradidisset, etc.

---

a. et om. *M*. — *b*. dominica *M*. — *c*. a dominis *B*. — *d*. domnicelli *M*. — *e*. utilius vita *M*. — *f*. relaxarentur *M*. — *g*. per hanc epistolam *M*.

1. A comparer avec un extrait de formule de *Notitia traditionis*, donné par Pithou dans son *Glossaire* à la loi salique (tit. 61), et reproduit par Zeumer, p. 547, *Extrav.*, n° 23.

[**3.**] — Et ille comis illi archiepiscopo similiter tradidit ipse ille ad vice illius archiepiscopo per terra et herba, per hostium et axatura, seu et mancipia per manibus missos sancti Dyonisii et illo abbate nomen illi monacho et illi advocato et illi vasso sancti illius visus fuit tradidisset atque consignasset, etc.

[**4.**] — Benedicto[a] atque omni sapientiae decorato[b] prefulgido David regi Flaccus Albinus in Xpisto salutem. Licet proxime ad clementiam vestram genuina scripta direxerim, *etc.*

Gaudebit, ut dictum est, enim in hilaritate regis vita, cujus solium dissipat iniquitatem, cujus vultus reverentia conservat usque ad aequitatem. Nam quod olim apostolici patres suis scriptis in confirmationem fidei catholicae diversis mundi partibus peregerunt, hoc vestra sanctissima solicitudo implere non cessat, hoc mirabile et speciale in te pietatis Dei donum praedicamus, etc.

[**5.**] — A proximis et vinerabilibus (?) episcopis solerti cura inquiri quod nostra parvitas pro officio dulcedinis et caritatis vestrae specialiter nostrum vestris destinavimus missum nomine illum diaconum obtutibus inquirendum, simulque rogantes ut nostri dignemini memoriam in orationibus vestris quae ad Deum fiunt fructuose recolere. De caeteris nolo vos ignorare quid in quibusdam memini reperisse canonibus hanc consuetudinem paenitus conservandam sed abolitam. Praesules prisci videlicet doctores ecclesiae esse jusserunt, *etc.*

[**6**[1].] — Aeterno nobis amore conexae illi abbatissae cum omni contubernio ancillarum Dei vobiscum degenti ille peccator. Affectu solicitudinis et pietatis has vobis apices destinare curavimus, accedere ut nostri memoriam faciatis in orationibus publicis et privatis quas ad Deum dirigitis, etc.

[**7.**] — Amore Xpisti mihi devictae[c] illae abbatissae, ille peccator. Illius ausi non fuimus presbyterales dare, duabus obstantibus causis. Nam nec indiculum juxta canones pontificis sui manu cum testimonio boni operis retroactae vitae detulit subscriptum, nec testes habuit coram, qui dignum pro eodem ad sacerdotium subiendum preberent testimonium.

a. benedicta *B.* — b. decorata *B.* — c. devinctae *D.*

1. Cf. *Formulae Bituricenses*, append. n° 4; Zeumer, p. 170.

Nogent-le-Rotrou, imprimerie DAUPELEY-GOUVERNEUR.